I kona n riki bwa te tia boobwai

Te korokaraki iroun KR Clarry
Te korotaamnei iroun John Robert Azuelo

Library For All Ltd.

E boutokaaki karaoan te boki aio i aan ana reitaki ae tamaaroa te Tautaeka ni Kiribati ma te Tautaeka n Aotiteeria rinanon te Bootaki n Reirei. E boboto te reitaki aio i aon katamaaroaan te reirei ibukiia ataein Kiribati ni kabane.

E boreetiaki te boki aio iroun te Library for All rinanon ana mwane ni buoka te Tautaeka n Aotiteeria.

Te Library for All bon te rabwata ae aki karekemwane mai Aotiteeria ao e boboto ana mwakuri i aon kataabangakan te ataibwai bwa e na kona n reke irouia aomata ni kabane. Noora libraryforall.org

I kona n riki bwa te tia boobwai

E moan boreetiaki 2022
E moan boreetiaki te katootoo aio n 2022

E boreetiaki iroun Library For All Ltd
Meeri: info@libraryforall.org
URL: libraryforall.org

Te korotaamnei iroun John Robert Azuelo

Atuun te boki I kona n riki bwa te tia boobwai
Aran te tia korokaraki Clarry, KR
ISBN: 978-1-922918-55-0
SKU02436

I kona n riki bwa
te tia boobwai

Aikai taan tia boobwai.

A mwakuri n taian titooa.

Taan tia boobwai a kaboonakoi bwaai
aika kakaokoro nakoia aomata.

A kaboonganai kabwate aika
mwaiti ruuia ni katokai nako
bwaai ake a na kabooaki ao a
kabonganaa naba i aona te
mitiin n oromwane ibukin
barongaan taian mwane.

A kaboonakoi amwarake, mooi,
kunnikai, kaau, bwaai n takaakaro,
booki ao bwain nako te auti.

Iai naba taan tia bobwai aika a kaboonakoi uee, kariki, bwainnaoraki ao bwaai nako ake a maiu man te iti.

A mwaiti taan bobwai aika a maeka
n iteran nako te aonnaaba.

I kona n riki bwa te tia boobwai ngkana I kamatebwaia aron te bitineti n te kuura ae rietaata.

I aonga ni kona ni buokiia kaain au kaawa bwa a na kabooi bwaai aika kainanoi bibukin maiuia.

Ko kona ni kaboonganai titiraki aikai ni maroorooakina te boki aio ma am utuu, raoraom ao taan reirei.

Teraa ae ko reiakinna man te boki aio?

Kabwarabwaraa te boki aio.
E kaakamanga? E kakamaaku?
E kaunga? E kakaongoraa?

Teraa am namakin i mwiin warekan te boki aio?

Teraa maamaten nanom man te boki aei?

Rongorongoia taan ibuobuoki

E mmwammwakuri te Library For All ma taan korokaraki ao taan korotaamnei man aaba aika kakaokoro ibukin kamwaitan karaki aika raraoi ibukiia ataei.

Noora libraryforall.org ibukin rongorongo aika boou i aon ara kataneiai, kainibaaire ibukin karinan karaki ao rongorongo riki tabeua.

Ko kukurei n te boki aei?

Iai ara karaki aika a tia ni baarongaaki aika a kona n rineaki.

Ti mwakuri n ikarekebai ma taan korokaraki, taan kareirei, taan rabakau n te katei, te tautaeka ao ai rabwata aika aki irekereke ma te tautaeka n uarokoa kakukurein te wareware nakoia ataei n taabo ni kabane.

Ko ataia?

E rikirake ara ibuobuoki n te aonnaaba n itera aikai man irakin ana kouru te United Nations ibukin te Sustainable Development.

libraryforall.org

www.ingramcontent.com/pod-product-compliance
Lightning Source LLC
Chambersburg PA
CBHW040324050426
42452CB00034B/2915